Slovak Vocabulary:
A Slovak Language Guide

Veleslav Biely

Contents

List of Slovak letters – Slovak alphabet

Order	Slovak alphabet	IPA
1	A a	/a/
2	Á á	/aː/
3	Ä ä	/æ/, /ɛ/
4	B b	/b/
5	C c	/t͡s/
6	Č č	/t͡ʃ/
7	D d	/d/
8	Ď ď	/ɟ/
9	DZ dz	/d͡z/
10	DŽ dž	/d͡ʒ/
11	E e	/e/, /ɛ/
12	É é	/eː/, /ɛː/
13	F f	/f/
14	G g	/g/
15	H h	/ɦ/
16	CH ch	/x/
17	I i	/i/
18	Í í	/iː/
19	J j	/j/
20	K k	/k/
21	L l	/l/
22	Ĺ ĺ	/lː/
23	Ľ ľ	/ʎ/
24	M m	/m/
25	N n	/n/
26	Ň ň	/ɲ/
27	O o	/o/, /ɔ/
28	Ó ó	/oː/, /ɔː/
29	P p	/p/
30	Q q	/kv/
31	R r	/r/
32	Ŕ ŕ	/rː/

33	S s	/s/
34	Š š	/ʃ/
35	T t	/t/
36	Ť ť	/c/
37	U u	/u/
38	Ú ú	/uː/
39	V v	/v/
40	W w	/v/
41	X x	/ks/
42	Y y	/i/
43	Ý ý	/iː/
44	Z z	/z/
45	Ž ž	/ʒ/

1) Measurements
1) Miery a váhy

acre

aker

---

area

plocha

---

case

debnička

---

centimeter

centimeter

---

cup

hrnček

---

dash

štipka

---

degree

stupeň

---

depth

hĺbka

---

digit

*čí*slica

---

dozen

*tu*cet

---

foot

*sto*pa

---

gallon

*ga*lón

---

gram

gram

---

height

výška

---

huge

*ob*rovský

---

inch

*pa*lec

---

kilometer

*ki*lometer

---

length

*dĺ*žka

---

liter

liter

little

málo

measure

miera

meter

meter

mile

míľa

minute

minúta

miniature

miniatúra

ounce

unca

perimeter

obvod

pint

pinta

pound
libra

quart
kvart

ruler
pravítko

scale
váha

small
malý

tablespoon
polievková lyžica

teaspoon
čajová lyžička

ton
tona

unit
jednotka

volume
objem

weigh

vážiť

---

weight

hmotnosť

---

width

šírka

---

yard

yard

Time
Čas

What time is it?

Koľko je hodín?

It's 1:00 AM/PM

Je 1:00 / 13:00.

It's 2:00 AM/PM

Sú 2:00 / je 14:00.

It's 3:00 AM/PM

Sú 3:00 / je 15:00.

It's 4:00 AM/PM

Sú 4:00 / je 16:00.

It's 5:00 AM/PM

Je 5:00 / 17:00.

It's 6:00 AM/PM

Je 6:00 / 18:00.

It's 7:00 AM/PM

Je 7:00 / 19:00.

It's 8:00 AM/PM

Je 8:00 / 20:00.

It's 9:00 AM/PM

Je 9:00 / 21:00.

It's 10:00 AM/PM

Je 10:00 / 22:00.

It's 11:00 AM/PM

Je 11:00 / 23:00.

It's 12:00 AM/PM

Je 12:00 / 24:00.

in the morning

do*poludnia*

in the afternoon

po*poludní*

in the evening

večer

at night

v noci

afternoon

popoludnie

annual

ročný

calendar

kalendár

daytime

deň

decade

dekáda

evening

večer

hour

hodina

midnight

polnoc

minute

*mi*núta

---

morning

*rá*no

---

month

*me*siac

---

night

noc

---

nighttime

*noč*ný

---

noon

*po*ludnie

---

now

*te*raz

---

o'clock

*ho*dín

---

past

*mi*nulosť

---

present

*prí*tomnosť

---

second

*se*kunda

---

sunrise

*svi*tanie

---

sunset

*zá*pad *sln*ka

---

today

dnes

---

tonight

*(dnes) ve*čer

---

tomorrow

*zaj*tra

---

watch

*ho*dinky

---

week

*týž*deň

---

year

rok

---

yesterday

*vče*ra

Months of the Year
Mesiace v roku

January

január

February

február

March

marec

April

apríl

May

máj

June

jún

July

júl

August

august

September

september

October

*ok*tóber

November

*no*vember

December

*de*cember

Days of the Week
Dni v týždni

Monday

*pon*delok

Tuesday

*u*torok

Wednesday

*stre*da

Thursday

*štvr*tok

Friday

*pia*tok

Saturday

*so*bota

Sunday

nedeľa

Seasons
Ročné obdobia

winter

zima

spring

jar

summer

leto

fall/autumn

jeseň

Numbers
Číslovky

One (1)

jeden (1)

Two (2)

dva (2)

Three (3)

tri (3)

Four (4)

štyri (4)

Five (5)

päť (5)

Six (6)

šesť (6)

Seven (7)

sedem (7)

Eight (8)

osem (8)

Nine (9)

deväť (9)

Ten (10)

desať (10)

Eleven (11)

jedenásť (11)

Twelve (12)

dvanásť (12)

Twenty (20)

dvadsať (20)

Fifty (50)

päťdesiat (50)

Hundred (100)

sto (100)

Thousand (1000)

tisíc (1 000)

Ten Thousand (10,000)

desaťtisíc (10 000)

One Hundred Thousand (100,000)

stotisíc (100 000)

Million (1,000,000)

milión (1 000 000)

Billion (1,000,000,000)

miliarda (1 000 000 000)

Ordinal Numbers
Radové číslovky

first

prvý

second

druhý

third

treti

---

fourth

štvrtý

---

fifth

piaty

---

sixth

šiesty

---

seventh

siedmy

---

eighth

ôsmy

---

ninth

deviaty

---

tenth

desiaty

---

eleventh

jedenásty

---

twelfth

dvanásty

---

thirteenth

trinásty

twentieth

dvadsiaty

twenty-first

dvadsiaty prvý

hundredth

stý

thousandth

tisíci

millionth

miliónty

billionth

miliardtý

Geometric Shapes
Geometrické tvary

angle

uhol

circle

kruh

cone

kužeľ

cube

kocka

cylinder

valec

heart

srdce

heptagon

sedemuholník

hexagon

šesťuholník

line

priamka

octagon

osemuholník

oval

ovál

parallel lines

rovnobežky

pentagon

päťuholník

perpendicular lines

kolmice

polygon

mnohouholník

pyramid

ihlan

rectangle

obdĺžnik

rhombus

kosoštvorec

square

štvorec

star

hviezda

trapezoid

lichobežník

triangle

trojuholník

vertex

*vr*chol

Colors
*Far*by

beige

*bé*žová

black

*čier*na

blue

*mod*rá

brown

*hne*dá

fuchsia

*fuk*siová

gray

*še*dá

green

*ze*lená

indigo

*in*digo

maroon

gaštanovohnedá

navy blue

námornícka modrá

orange

oranžová

pink

ružová

purple

purpurová

red

červená

silver

strieborná

tan

žltohnedá

teal

modrozelená

turquoise

tyrkysová

violet

fialová

---

white

biela

---

yellow

žltá

Related Verbs
Súvisiace slovesá

to add

sčítať

---

to change

zmeniť

---

to check

skontrolovať

---

to color

farbiť

---

to count

počítať

---

to divide

deliť

---

to figure

*čís*lovať

to fill

*(na)pl*niť

to guess

*há*dať

to measure

*me*rať

to multiply

*ná*sobiť

to subtract

*od*čítať

to take

vziať

to tell time

*poveda*ť, *koľko je ho*dín

to verify

*ove*riť

to watch

*po*zerať

2) Weather
2) Počasie

air
vzduch

air pollution
znečistenie vzduchu

atmosphere
ovzdušie

avalanche
lavína

barometer
barometer

barometric pressure
barometrický tlak

blizzard
snehová búrka

breeze
vánok

climate

*pod*nebie

---

cloud

*ob*lak

---

cold

chlad

---

cold front

*stu*dený *front*

---

condensation

*kon*denzácia

---

cool

*chlad*ný

---

cyclone

*cyk*lón

---

degree

*stu*peň

---

depression

*tla*ková *níž*

---

dew

*ro*sa

---

dew point

rosný bod

---

downpour

lejak

---

drift

víchor

---

drizzle

mrholenie

---

drought

sucho

---

dry

suchý

---

dust devil

prašný vír

---

duststorm

prachová búrka

---

easterly wind

východný vietor

---

evaporation

vyparovanie

---

eye of the storm

búrkové oko

fair

jasný

fall

jeseň

flash flood

prudká povodeň

flood

povodeň

flood stage

stupeň povodňovej aktivity

flurries (snow)

fujavica (snehová)

fog

hmla

forecast

predpoveď

freeze

mrznúť

freezing rain

mrznúci dážď

front (cold/hot)

front (studený/teplý)

frost

mráz

funnel cloud

lievikovitý mrak

global warming

globálne otepľovanie

gust of wind

závan vetra

hail

krupobitie

haze

opar

heat

horúčava

heat index

teplotný index

heat wave

horúca vlna

high

vysoký

humid

vlhký

humidity

vlhkosť

hurricane

hurikán

ice

ľad

ice crystals

ľadové kryštály

ice storm

ľadová búrka

icicle

cencúľ

jet stream

prúdenie vzduchu

landfall

zosuv

lightning

blesk

low

nízky

low pressure system

nízkotlakový systém

meteorologist

meteorológ

meteorology

meteorológia

microburst

microburst

mist

hmla

moisture

vlaha

monsoon

monzún

muggy

dusný

nor'easter

nor'easter (vietor)

normal

obvyklý

outlook

vyhliadka

overcast

zatiahnutá obloha

ozone

ozón

partly cloudy

čiastočne zamračené

polar

polárny

pollutant

znečisťujúca látka

precipitation

zrážky

pressure
tlak

radar
radar

radiation
žiarenie

rain
dážď

rainbow
dúha

rain gauge
zrážkomer

relative humidity
relatívna vlhkosť

sandstorm
piesočná búrka

season
ročné obdobie

shower
prehánka

sky
obloha

sleet
pľušť

slush
čľapkanica

smog
smog

smoke
dym

snow
sneh

snowfall
sneženie

snowflake
snehová vločka

snow flurry
snehová fujavica

snow shower
snehová prehánka

snowstorm

snehová víchrica

spring

jar

storm

búrka

storm surge

búrkové vlnobitie

stratosphere

stratosféra

summer

leto

sunrise

svitanie

sunset

západ slnka

supercell

supercela

surge

vlnobitie

swell

*roz*vodnenie

temperature

*tep*lota

thaw

*od*mäk

thermal

*tep*lotný

thermometer

*tep*lomer

thunder

hrom

thunderstorm

*hro*mobitie

tornado

*tor*nádo

trace

*sto*pa

tropical

*tro*pický

tropical depression

tropická tlaková níž

tropical storm

tropická búrka

turbulence

vírenie vzduchu

twister

tornádo

typhoon

tajfún

unstable

nestabilný

visibility

viditeľnosť

vortex

vír

warm

teplý

warning

varovanie

watch

pozorovať

weather

počasie

weather pattern

charakter počasia

weather report

predpoveď počasia

weather satellite

meteorologická družica

westerly wind

západný vietor

whirlwind

smršť

wind

vietor

wind chill

chladný vietor

winter

zima

Related Verbs
Súvisiace slovesá

to blow

viať

to clear up

vyčasiť sa

to cool down

ochladiť (sa)

to drizzle

mrholiť

to feel

cítiť

to forecast

predpovedať

to hail

krupobitie

to rain

pršať

to report

hlásiť

to shine

svietiť

---

to snow

snežiť

---

to storm

búrka

---

to warm up

otepľovať (sa)

---

to watch

pozorovať

---

3) People
3) Ľudia

athlete
atlét

baby
bábätko

boy
chlapec

boyfriend
priateľ

brother
brat

brother-in-law
švagor

businessman
podnikateľ

candidate
kandidát

child/children

dieťa/deti

coach

tréner

cousin

bratranec, sesternica

customer

zákazník

daughter

dcéra

daughter-in-law

nevesta

driver

vodič

family

rodina

farmer

farmár

father/dad

otec/tato

father-in-law

svokor

---

female

žena

---

friend

priateľ

---

girl

dievča

---

girlfriend

priateľka

---

godparents

krstní rodičia

---

grandchildren

vnúčatá

---

granddaughter

vnučka

---

grandfather

starý otec

---

grandmother

stará mama

---

grandparents

starí rodičia

grandson

vnuk

husband

manžel

instructor

inštruktor

kid

dieťa

king

kráľ

male

muž

man

chlap

mother/mom

matka/mama

mother-in-law

svokra

nephew

synovec

niece

neter

parent

rodič

people

ľudia

princess

princezná

queen

kráľovná

rock star

rocková hviezda

sister

sestra

sister-in-law

švagriná

son

syn

son-in-law

zať

student

študent

teenager

teenager

tourist

turista

wife

manželka

woman

žena

youth

mládež

Characteristics
Vlastnosti

attractive

atraktívny

bald

plešatý

beard
brada (mužská)

beautiful
krásny

black hair
čierne vlasy

blind
slepý

blond
blond

blue eyes
modré oči

brown eyes
hnedé oči

brown hair
hnedé vlasy

brunette
brunetka

curly hair
kučeravé vlasy

dark

tmavý

deaf

hluchý

divorced

rozvedený

elderly

starší

fair (skin)

svetlá (pleť)

fat

tučný

gray hair

šediny

green eyes

zelené oči

handsome

pekný

hazel eyes

orieškovo hnedé oči

heavyset

zavalitý

---

light brown

svetlo hnedý

---

long hair

dlhé vlasy

---

married

ženatý/vydatá

---

mustache

fúzy

---

old

starý

---

olive

olivový

---

overweight

nadváha

---

pale

bledý

---

petite

drobný

---

plump

*pl*noštíhly

pregnant

*te*hotná

red head

*ry*šavý

short

*níz*ky

short hair

*krát*ke *vla*sy

skinny

*vy*chudnutý

slim

*štíh*ly

stocky

*za*valitý

straight hair

*rov*né *vla*sy

tall

*vy*soký

tanned

opálený

thin

chudý

wavy hair

vlnité vlasy

well built

urastený

white

biely

young

mladý

Stages of Life
Fázy života

adolescence

dospievanie

adult

dospelý

anniversary

výročie

birth

narodenie

death

smrť

divorce

rozvod

elderly

starší (ľudia)

graduation

promócia, maturita

infant

nemluvňa

marriage

svadba

middle aged

v strednom veku

newborn

novorodenec

preschooler

predškolák

preteen

*ne*dospelý

---

senior citizen

*dô*chodca

---

teenager

*tee*nager

---

toddler

*ba*toľa

---

tween

*dvo*jička

---

young adult

*mla*dý *dos*pelý

---

youth

*mlá*dežník

Religion
*Ná*boženstvo

Atheist / Agnostic

*a*teista / *ag*nostik

Baha'i

*ba*háj

Buddhist
*bud*hista

Christian
*kres*ťan

Hindu
*hin*duista

Jewish
*ži*dovský

Muslim
*mos*lim

Sikh
sikh

Work
*Prá*ca

accountant
*úč*tovník

actor
*he*rec

associate
*ko*lega

astronaut

astronaut

banker

bankár

butcher

mäsiar

carpenter

tesár

chef

šéfkuchár

clerk

úradník

composer

skladateľ

custodian

poručník

dentist

zubár

doctor

lekár

electrician
elektrikár

executive
vedúci úradník

farmer
farmár

fireman
hasič

handyman
údržbár

judge
sudca

landscaper
záhradník

lawyer
právnik

librarian
knihovník

manager
manažér

model

model

---

notary

notár

---

nurse

zdravotná sestra

---

optician

optik

---

pharmacist

lekárnik

---

pilot

pilot

---

policeman

policajt

---

preacher

kazateľ

---

president

prezident

---

representative

zástupca

---

scientist

*ve*dec

---

secretary

*sek*retár

---

singer

*spe*vák

---

soldier

*vo*jak

---

teacher

*u*čiteľ

---

technician

*tech*nik

---

treasurer

*pok*ladník

---

writer

*spi*sovateľ

---

zoologist

*zoo*lóg

Related Verbs
Súvisiace slovesá

to deliver

*do*dať

---

to enjoy

tešiť sa

---

to grow

rásť

---

to laugh

smiať sa

---

to love

*mi*lovať

---

to make

*ro*biť

---

to manage

*ria*diť

---

to repair

*o*praviť

---

to serve

*ob*sluhovať

---

to sing

spievať

to smile

usmievať sa

to talk

rozprávať

to think

mysliet'

to work

pracovať

to work at

pracovať v

to work for

pracovať pre

to work on

pracovať na

to worship

uctievať

to write

písať

4) Parts of the Body
4) Ľudské telo

ankle

členok

---

arm

paža

---

back

chrbát

---

beard

brada

---

belly

brucho

---

blood

krv

---

body

telo

---

bone

kosť

---

brain

mozog

breast

prsia

buttocks

zadok

calf

lýtko

cheek

líce

chest

hrudník

chin

brada

ear

ucho

elbow

laket'

eye

oko

eyebrow

obočie

eyelash

mihalnica

face

tvár

finger

prst na ruke

finger nail

necht

fist

päsť

flesh

zmysly

foot/feet

chodidlo

forearm

predlaktie

forehead

čelo

hair

vlasy

hand

ruka

head

hlava

heart

srdce

heel

päta

hip

bedro

jaw

čeľusť

knee

koleno

leg

noha

lips

pery

moustache

fúzy

mouth

ústa

muscle

sval

nail

necht

neck

krk

nose

nos

nostril

nozdra

palm

dlaň

shin

holeň

shoulder

rameno

skin

koža

spine

chrbtica

stomach

žalúdok

teeth/tooth

zub/zuby

thigh

stehno

throat

hrdlo

thumb

palec

toe

prst na nohe

toenail

necht (na nohe)

tongue

jazyk

underarm

*pod*pazušie

---

waist

pás

---

wrist

*zá*pästie

Related Verbs
Súvisiace slovesá

to exercise

cvičiť

---

to feel

cítiť

---

to hear

počuť

---

to see

vidieť

---

to smell

voňať

---

to taste

*chut*nať

---

to touch

dotknúť (sa)

5) Animals
5) Zvieratá

alligator
aligátor

anteater
mravčiar

antelope
antilopa

ape
opica

armadillo
pásovec

baboon
pavián

bat
netopier

bear
medveď

beaver

bobor

bison

bizón

bobcat

rys

camel

ťava

caribou

karibu

cat

mačka

chameleon

chameleón

cheetah

gepard

chipmunk

pruhovaná veverička

cougar

puma

cow

krava

coyote

kojot

crocodile

krokodíl

deer

jeleň

dinosaur

dinosaurus

dog

pes

donkey

somár

elephant

slon

emu

emu

ferret

fretka

fox

líška

frog

žaba

gerbil

pieskomil

giraffe

žirafa

goat

koza

gorilla

gorila

groundhog

svišť

guinea pig

morské prasiatko

hamster

škrečok

hedgehog

jež

hippopotamus
hroch

horse
kôň

iguana
leguán

kangaroo
klokan

lemur
lemur

leopard
leopard

lion
lev

lizard
jašterica

llama
lama

meerkat
surikata

mouse/mice
myš

mole
krt(ko)

monkey
opica

moose
los

mouse
myš

otter
vydra

panda
panda

panther
panter

pig
prasa

platypus
vtákopysk

polar bear

ľadový medveď

porcupine

dikobraz

rabbit

zajac, králik

raccoon

medvedík čistotný

rat

potkan

rhinoceros

nosorožec

sheep

ovca

skunk

skunk

sloth

leňochod

snake

had

squirrel

veverička

tiger

tiger

toad

ropucha

turtle

korytnačka

walrus

mrož

warthog

prasa bradavičnaté

weasel

lasica

wolf

vlk

zebra

zebra

Birds
Vtáky

canary

kanárik

chicken

kura

crow

vrana

dove

holubica

duck

kačka

eagle

orol

falcon

sokol

flamingo

plameniak

goose

hus

hawk

jastrab

---

hummingbird

kolibrík

---

ostrich

pštros

---

owl

sova

---

parrot

papagáj

---

peacock

páv

---

pelican

pelikán

---

pheasant

bažant

---

pigeon

holub

---

robin

červienka

---

rooster

*ko*hút

---

sparrow

*vra*bec

---

swan

*la*buť

---

turkey

*mor*ka

Water/Ocean/Beach
*Vo*da/oceán/**pláž**

bass

*os*triež

---

catfish

*su*mec

---

clam

*muš*ľa

---

crab

krab

---

goldfish

*zla*tá *ryb*ka

---

jellyfish

medúza

lobster

homár

mussel

slávka jedlá

oyster

ustrica

salmon

losos

shark

žralok

trout

pstruh

tuna

tuniak

whale

veľryba

Insects
Hmyz

ant
mravec

bee
včela

beetle
chrobák

butterfly
motýľ

cockroach
šváb

dragonfly
vážka

earthworm
dážďovka

flea
blcha

fly
mucha

gnat

*ko*már

---

grasshopper

*ko*bylka

---

ladybug

*lien*ka

---

moth

moľa

---

mosquito

*ko*már

---

spider

*pa*vúk

---

wasp

*o*sa

Related Verbs
Súvisiace slovesá

to eat

jesť

---

to bark

*šte*kať

---

to chase

*na**háňať***

to feed

kŕmiť

to hibernate

prezimovať

to hunt

poľovať

to move

hýbať (sa)

to perch

sedieť na bidle

to prey

loviť

to run

utekať

to swim

plávať

to wag

vrtieť

to walk

kráčať

6) Plants and Trees
6) *Rastliny a stromy*

acacia

agát

---

acorn

žaluď

---

annual

jednoročná rastlina

---

apple tree

jabloň

---

bamboo

bambus

---

bark

kôra

---

bean

hrach

---

berry

bobuľa

---

birch

breza

blossom

kvet

branch

konár

brush

krovie

bud

puk

bulb

hľuza

bush

krík

cabbage

kapusta

cactus

kaktus

carnation

klinček

cedar

*cé*der

---

cherry tree

*če*rešňový *strom*

---

chestnut

*ga*štan

---

corn

*ku*kurica

---

cypress

*cyp*rus

---

deciduous

*list*natý

---

dogwood

drieň

---

eucalyptus

*eu*kalyptus

---

evergreen

*ne*opadavý

---

fern

*pap*raď

---

fertilizer

hnojivo

fir

jedľa

flower

kvet

foliage

lístie

forest

les

fruit

ovocie

garden

záhrada

ginko

ginko

grain

obilie

grass

tráva

hay
seno

herb
bylinka

hickory
orechovec

ivy
brečtan

juniper
jalovec

kudzu
kudzu

leaf/leaves
list/listy

lettuce
šalát

lily
ľalia

magnolia
magnólia

maple tree

javor

moss

mach

nut

orech

oak

dub

palm tree

palma

pine cone

borovicová šiška

pine tree

borovica

plant

rastlina

peach tree

broskyňovník

pear tree

hruškový strom

petal

lupeň

poison ivy

jedovatý brečtan

pollen

peľ

pumpkin

tekvica

root

koreň

roses

ruže

sage

šalvia

sap

miazga

seed

semeno

shrub

ker

squash

dyňa

soil

pôda

stem

stonka

thorn

tŕň

tree

strom

trunk

kmeň

vegetable

zelenina

vine

vínna réva

weed

burina

Related Verbs
Súvisiace slovesá

to fertilize

hnojiť

---

to gather

zberať

---

to grow

rásť

---

to harvest

žať

---

to pick

oberať

---

to plant

vysádzať

---

to plow

orať

---

to rake

hrabať

---

to sow

siať

---

to spray

*po*strekovať

to water

*po*lievať

to weed

pliet'

7) Meeting Each Other
7) Stretnutia

Greetings/Introductions:
Pozdravy/Úvodné frázy:

Good morning

Dobré ráno

Good afternoon

Dobrý deň

Good evening

Dobrý večer

Good night

Dobrú noc

Hi

Čau

Hello

Ahoj

Have you met (name)?

Stretli ste sa s (meno)?

Haven't we met?

Nestretli sme sa už?

How are you?

Ako sa máš/máte?

How are you today?

Ako sa dnes máš/máte?

How do you do?

Ako sa máš? / Teší ma.

How's it going?

Ako to ide?

I am (name)

Volám sa (meno)

I don't think we've met.

Nemyslím si, že sme sa už stretli.

It's nice to meet you.

Rád ťa/vás poznávam.

Meet (name)

Zoznám/zoznámte sa s (meno)

My friends call me (nickname)

Moji priatelia ma volajú (prezývka)

My name is (name)
Moje meno je (meno)

Nice to meet you
*Rád ťa/vás poz*návam.

Nice to see you again.
*Rád ťa/vás opäť stret*ávam.

Pleased to meet you.
*Teší ma, že ťa/vás spoz*návam.

This is (name)
Toto je (meno)

What's your name?
*Ako sa vol*áš/vol*áte?*

Who are you?
Kto si/ste?

Greeting Answers
*Odpovede na poz*dravy

Fine, thanks
Dobre, ďakujem

I'm exhausted
Som vyčerpaný/á

I'm okay

Som v pohode

I'm sick

Som chorý/á

I'm tired

Som unavený/á

Not too bad

Ide to

Not too well, actually

Nie veľmi dobre

Very well

Veľmi dobre

Saying Goodbye
Rozlúčenie (sa)

Bye

Ahoj

Good bye

Dovidenia

Good night

Dobrú noc

See you

Uvidíme sa

See you later

Uvidíme sa neskôr

See you next week

Uvidíme sa budúci týždeň

See you soon

Čoskoro sa uvidíme

See you tomorrow

Uvidíme sa zajtra

Courtesy
Zdvorilosť

Excuse me

Prepáčte mi

Pardon me

Pardon

I'm sorry

Je mi to ľúto

Thanks

Vďaka

Thank you

Ďakujem

You're welcome

Nie je začo

Special Greetings
Špeciálne pozdravy

Congratulations

Gratulujem

Get well soon

Skoré uzdravenie

Good luck

Veľa šťastia

Happy New Year

Šťastný Nový rok

Happy Easter

Veselú Veľkú noc

Merry Christmas

Veselé Vianoce

Well done

Výborne

Related Verbs
Súvisiace slovesá

to greet

*poz*draviť

to meet

*stret*núť

to say

*po*vedať

to shake hands

*pot*riasť *ru*kou

to talk

*ho*voriť

to thank

*ďa*kovať

8) House
8) Dom

air conditioner
*kli*matizácia

appliances
*spot*rebiče

attic
*pod*krovie

awning
*mar*kíza

backyard
*dvor za do*mom

balcony
*bal*kón

basement
*su*terén

bathroom
*kú*peľňa

bath tub

vaňa

bed

posteľ

bedroom

spálňa

blanket

deka

blender

mixér

blinds

žalúzie

bookshelf/bookcase

knižnica

bowl

misa

cabinet

kabinet

carpet

koberec

carport

prístrešok pre auto

ceiling

strop

cellar

pivnica

chair

stolička

chimney

komín

clock

hodiny

closet

skriňa

computer

počítač

couch

sedačka

counter

pult

crib

detská postieľka

cupboard

kredenc

cup

šálka

curtain

záclona

desk

pracovný stôl

dining room

jedálenský stôl

dishes

riad

dishwasher

umývačka riadu

door

dvere

doorbell

domový zvonček

doorknob

kľučka na dverách

doorway

hlavný vchod

drapes

závesy

drawer

zásuvka

driveway

príjazdová cesta

dryer

sušička

duct

potrubie

exterior

exteriér

family room

rodičovská izba

fan

ventilátor

faucet

kohútik

fence

plot

fireplace

krb

floor

podlažie

foundation

základy

frame

rám

freezer

mraznička

furnace

pec

furniture

nábytok

garage

garáž

garden

*zá*hrada

---

grill

gril

---

gutters

*od*kvapy

---

hall/hallway

*chod*ba

---

hamper

*kôš na špi*navú *bie*lizeň

---

heater

*oh*rievač

---

insulation

*i*zolácia

---

jacuzzi tub

*ja*cuzzi

---

key

kľúč

---

kitchen

*ku*chyňa

---

ladder

rebrík

lamp

lampa

landing

medziposchodie

laundry

práčovňa

lawn

trávnik

lawnmower

kosačka

library

knižnica

light

svetlo

linen closet

skriňa na bielizeň

living room

obývačka

lock

zámok

loft

povala

mailbox

poštová schránka

mantle

krbová rímsa

master bedroom

hlavná spálňa

microwave

mikrovlnná rúra

mirror

zrkadlo

neighborhood

susedstvo

nightstand

nočný stolík

office

pracovňa

oven
rúra

painting
obraz

paneling
obloženie

pantry
špajza

patio
patio

picnic table
piknikový stôl

picture
fotografia

picture frame
rám na fotografiu

pillow
vankúš

plates
taniere

plumbing

*pot*rubie

pool

bazén

porch

*ve*randa

queen bed

posteľ

quilt

*preší*vaná *deka*

railing

*zá*bradlie

range

*spo*rák

refrigerator

*chlad*nička

remote control

*diaľ*kové *ovládanie*

roof

*stre*cha

room
izba

rug
koberček

screen door
presklené dvere

shed
kôlňa

shelf/shelves
polička

shingle
šindeľ

shower
sprcha

shutters
žalúzie

siding
fasáda

sink
drez

sofa
pohovka

stairs/staircase
schody/schodisko

step
schod

stoop
veranda

stove
sporák

study
študovňa

table
stôl

telephone
telefón

television
televízia

toaster
hriankovač

toilet

toaleta

towel

uterák

trash can

odpadkový kôš

trim

poriadok

upstairs

vrchné poschodie

utility room

viacúčelová miestnosť

vacuum

vysávač

vanity

toaletný stolík

vase

váza

vent

prieduch

wall

stena

wardrobe

šatník

washer/washing machine

práčka

waste basket

odpadkový kôš

water heater

bojler

welcome mat

rohožka

window

okno

window pane

vitráž

window sill

parapet

yard

dvor

Related Verbs
Súvisiace slovesá

to build

*st*avať
___

to buy

*kú*piť
___

to clean

*u*pratať
___

to decorate

*vyz*dobiť
___

to leave

*o*dísť
___

to move in

*nasť*ahovať *sa*
___

to move out

*vysť*ahovať *sa*
___

to renovate

*re*novovať
___

to repair

*op*raviť
___

to sell

predať

---

to show

ukázať

---

to view

prehliadnuť

---

to visit

navštíviť

---

to work

pracovať

---

9) Arts & Entertainment
9) Umenie a zábava

3-D

3D

action movie

akčný film

actor/actress

herec/herečka

album

album

alternative

alternatívny

amphitheater

amfiteáter

animation

animácia

artist

umelec

audience

hľadisko

ballerina

balerína

ballet

balet

band

hudobná skupina

blues

blues

caption

titulok

carnival

karneval

cast

obsadenie

choreographer

choreograf

cinema

kino

classic

klasika

comedy

komédia

commercial

reklama

composer

skladateľ

concert

koncert

conductor

dirigent

contemporary

súčasný

country

country

credits

titulky

dancer

tanečník

director

režisér

documentary

dokument

drama

dráma

drummer

bubeník

duet

duet

episode

diel

event

udalosť

exhibit

exponát

exhibition

výstava

fair

veľtrh

fantasy

fantasy

feature/feature film

hlavný/celovečerný film

film

film

flick

cvaknutie

folk

folk

gallery

galéria

genre

žáner

gig

gig

group

skupina

guitar

gitara

guitarist

gitarista

---

hip-hop

hip-hop

---

horror

horor

---

inspirational

inšpiratívny

---

jingle

cvengot

---

legend

legenda

---

lyrics

text piesne

---

magician

kúzelník

---

microphone

mikrofón

---

motion picture

film

---

movie director

*fil*mový *režisér*

---

movie script

*fil*mový *sce*nár

---

museum

*mú*zeum

---

music

*hud*ba

---

musical

*mu*zikál

---

musician

*hu*dobník

---

mystery

*ta*jomný

---

new age

new age

---

opera

*o*pera

---

opera house

*bu*dova *o*pery

---

orchestra

orchester

painter

maliar

painting

maľba

parade

sprievod

performance

vystúpenie

pianist

klavirista

picture

obrázok

play

hra

playwright

dramatik

pop

pop

popcorn

pukance

producer

producent

rap

rap

reggae

reggae

repertoire

repertoár

rock

rock

role

rola

romance

romantický

scene

scéna

science fiction

sci-fi

sculpter

*so*chár

---

shot

*zá*ber

---

show

show

---

show business

*šou*biznis

---

silent film

*ne*mý *film*

---

singer

*spe*vák

---

sitcom

*sit*kom

---

soloist

*só*lista

---

song

*pie*seň

---

songwriter

*pes*ničkár

---

stadium

štadión

stage

javisko

stand-up comedy

stand-up komédia

television

televízia

TV show

televízna šou

theater

divadlo

understudy

náhradník

vocalist

vokalista

violinist

huslista

Related Verbs
Súvisiace slovesá

to act

hrať

---

to applaud

tlieskať

---

to conduct

dirigovať

---

to dance

tancovať

---

to direct

režírovať

---

to draw

kresliť

---

to entertain

zabávať

---

to exhibit

vystavovať

---

to host

hosťovať

---

to paint

maľovať

to perform

vystúpiť (na verejnosti)

to play

hrať

to sculpt

sochárčiť

to show

ukázať

to sing

spievať

to star

hviezdiť

to watch

pozerať

10) Games and Sports
10) Hry a šport

ace

eso

amateur

amatér

archery

*luk*ostreľba

arena

aréna

arrow

šíp

athlete

*atl*ét

badminton

*bed*minton

ball

*lop*ta

base
*zák*ladňa

baseball
*base*ball

basket
kôš

basketball
*bas*ketbal

bat
*kri*ketová *pálka*

bicycle
*bi*cykel

billiards
*bi*liard

bow
luk

bowling
*bow*ling

boxing
box

captain
kapitán

champion
šampión

championship
šampionát

cleats
kopačky

club
klub

competition
súťaž

course
kurz

court
kurt

cricket
kriket

cup
pohár

curling

*cur*ling

---

cycling

*cy*klistika

---

darts

*ší*pky

---

defense

*ob*rana

---

diving

*po*tápanie

---

dodgeball

*vy*bíjaná

---

driver

*vo*dič

---

equestrian

*jaz*dec

---

event

*u*dalosť

---

fan

*fa*núšik

---

fencing

šerm

field

ihrisko

figure skating

krasokorčuľovanie

fishing

rybárčenie

football

futbal

game

hra

gear

výstroj

goal

gól

golf

golf

golf club

golfový klub

gym
*te*locvičňa

gymnastics
*gym*nastika

halftime
*pol*čas

helmet
*hel*ma

hockey
*ho*kej

horse racing
*jaz*dectvo

hunting
*poľ*ovníctvo

ice skating
*kor*čuľovanie *na ľa*de

inning
*od*pal *lop*ty

jockey
*džo*kej

judo

džudo

karate

karate

kayaking

jazda na kajaku

kickball

kickball

lacrosse

lakros

league

liga

martial arts

bojové umenia

mat

karimatka

match

zápas

medal

medaila

net

sieť

offense

ofenzíva

Olympic Games

Olympijské hry

pentathlon

päťboj

pitch

ihrisko

play

hra

player

hráč

polo

pólo

pool

biliard

pool cue

biliardové tágo

professional

profesionálny

puck

puk

quarter

štvrtina

race

závod

race car

závodné auto

racket

raketa

record

rekord

referee

rozhodca

relay

štafeta

riding

jazdectvo

ring

okruh

rink

klzisko

rowing

veslovanie

rugby

rugby

running

beh

saddle

osedlať

sailing

plachtenie

score

skóre

shuffleboard

shuffleboard

shuttle cock

bedmintonový košík

skates
korčule

skating
korčuľovanie

skiing
lyžovanie

skis
lyže

soccer
futbal

softball
softbal

spectators
diváci

sport
šport

sportsmanship
športová etika

squash
squash

stadium

*šta*dión

surf

*surf*ovanie

surfboard

surf

swimming

*plá*vanie

table tennis/ping pong

*stolný tenis/**ping pong***

tag

hra na slepú babu

team

tím

tennis

*te*nis

tetherball

*te*therball

throw

hod

track
závodná dráha

track and field
dráha a pole

volleyball
volejbal

water skiing
vodné lyžovanie

weight lifting
vzpieranie

whistle
pískanie

win
výhra

windsurfing
windsurfing

winner
víťaz

wrestling
wrestling

Related Verbs
Súvisiace slovesá

to catch
chytiť

to cheat
podvádzať

to compete
súťažiť

to dribble
driblovať

to go
ísť

to hit
trafiť

to jump
skočiť

to kick
kopnúť

to knock out
knokautovať

to lose

*pre*hrať
___

to play

hrať
___

to race

*pre*tekať
___

to run

*u*tekať
___

to score

*skó*rovať
___

to win

*vy*hrať
___

11) Food
11) Jedlo

apple
jablko

bacon
slanina

bagel
žemľa

banana
banán

beans
fazuľa

beef
hovädzie mäso

bread
chlieb

broccoli
brokolica

brownie

brownie

cake

koláč

candy

cukríky

carrot

mrkva

celery

zeler

cheese

syr

cheesecake

cheesecake

chicken

kura

chocolate

čokoláda

cinnamon

škorica

cookie

sušienka

crackers

krekery

dip

omáčka

eggplant

baklažán

fig

figa

fish

ryba

fruit

ovocie

garlic

cesnak

ginger

zázvor

ham

šunka

herbs

bylinky

honey

med

ice cream

zmrzlina

jelly/jam

džem/marmeláda

ketchup

kečup

lemon

citrón

lettuce

šalát

mahi mahi

koryféna veľká

mango

mango

mayonnaise

majonéza

meat

mäso

melon

melón

milk

mlieko

mustard

horčica

noodles

rezance

nuts

orechy

oats

ovos

olive

olivy

orange

pomaranč

pasta

cestoviny

pastry

zákusok, pečivo

pepper

paprika

pork

bravčové mäso

potato

zemiak

pumpkin

tekvica

raisin

hrozienko

sage

šalvia

salad

šalát

salmon

losos

sandwich

sendvič

sausage

párok

soup

polievka

squash

dyňa

steak

steak

strawberry

jahoda

sugar

cukor

tea

čaj

toast

hrianka

tomato

paradajka

vinegar

ocot

vegetables

zelenina

water

voda

wheat

pšenica

yogurt

jogurt

Restaurants and Cafes
Reštaurácie a kaviarne

a la carte

z jedálneho lístka

a la mode

s kopčekom zmrzliny

appetizer

predjedlo

bar

bar

beverage

nápoj

bill
účet

bistro
bistro

boiled
varený

braised
dusený

breakfast
raňajky

brunch
brunch, neskoré raňajky

cafe/cafeteria
kaviareň

cashier
pokladník

chair
stolička

charge
účtovať

check

účet

chef

*šéf*kuchár

coffee

káva

coffee shop

*ka*viareň

condiments

*ko*renie

cook

*ku*chár

courses

*cho*dy

credit card

*kre*ditná *karta*

cup

*šál*ka

cutlery

*prí*bor

deli/delicatessen
lahôdky/lahôdkarstvo

dessert
dezert

dine
večerať

diner
stravník

dinner
večera

dish
jedlo

dishwasher
umývačka riadu

doggie bag
miska na jedlo

drink
drink, nápoj

entree
hlavný chod

food

jedlo

---

fork

vidlička

---

glass

pohár

---

gourmet

gurmán

---

hor d'oeuvre

predkrm

---

host/hostess

hostiteľ/hosteska

---

knife

nôž

---

lunch

obed

---

maitre d'

vrchný

---

manager

manažér

---

menu
menu/jedálny lístok

mug
hrnček

napkin
servítka

order
objednávka

party
oslava

plate
tanier

platter
misa

reservation
rezervácia

restaurant
reštaurácia

saucer
podšálka

server

*ob*sluha

side order

*prí*loha

silverware

*strie*borný *prí*bor

special

*špe*ciál

spoon

lyžička

starters

*pred*jedlo

supper

*ve*čera

table

stôl

tax

daň

tip

*pre*pitné

to go

*so se*bou

---

utensils

riad

---

waiter/waitress

čašník/čašníčka

Related Verbs
Súvisiace slovesá

to bake

piecť

---

to be hungry

*byť hlad*ný

---

to cook

variť

---

to cut

krájať

---

to drink

piť

---

to eat

jesť

---

to eat out

jesť vonku

to feed

kŕmiť

to grow

rásť

to have breakfast

raňajkovať

to have lunch

obedovať

to have dinner

večerať

to make

robiť

to order

objednať

to pay

platiť

to prepare

pripraviť

to request

želať si

to reserve

rezervovať

to serve

obsluhovať

to set the table

prestrieť stôl

to taste

ochutnať

12) Shopping
12) Nakupovanie

bags
tašky

bakery
pekáreň

barcode
čiarový kód

basket
(nákupný) košík

bookstore
kníhkupectvo

boutique
butik

browse
prehľadávať

buggy/shopping cart
nákupný vozík

butcher
mäsiar

buy
kúpiť

cash
pokladňa

cashier
pokladník

change
prezliecť sa

changing room
skúšobná kabínka

cheap
lacný

check
účet

clearance
výpredaj

coin
minca

convenience store

samoobsluha

counter

pult

credit card

kreditná karta

customers

zákazníci

debit card

platobná karta

delivery

dodanie

department store

obchodný dom

discount

zľava

discount store

obchodný dom s diskontnými cenami

drugstore/pharmacy

lekáreň

electronic store

obchod s elektronikou

---

escalator

eskalátor

---

expensive

drahý

---

flea market

blší trh

---

florist

kvetinár

---

grocery store

potraviny

---

hardware

hardvér

---

jeweler

zlatník

---

mall

nákupné centrum

---

market

trh

---

meat department

oddelenie s mäsom

music store

hudobniny

offer

ponuka

pet store

chovateľské potreby

purchase

nákup

purse

peňaženka

rack

regál

receipt

potvrdenka

return

výdavok

sale

predaj

sales person

*pre*dajca

scale

*vá*ha

size

*veľ*kosť

shelf/shelves

*po*lica

shoe store

*o*buv

shop

*pre*dajňa

shopping center

*ob*chodné *cen*trum

store

*ob*chod

supermarket

*su*permarket

tailor

*kraj*čír

till

*pok*ladnica

---

toy store

*hrač*kárstvo

---

wallet

*pe*ňaženka

---

wholesale

*veľ*koobchod

Related Verbs
*Sú*visiace *slovesá*

to buy

*kú*piť

---

to charge

*úč*tovať

---

to choose

*vy*brať

---

to exchange

*vy*meniť

---

to go shopping

*ísť na*kupovať

---

to owe

dlžiť

to pay

platiť

to prefer

uprednostňovať

to return

vrátiť

to save

ušetriť

to sell

predať

to shop

nakupovať

to spend

minúť

to try on

vyskúšať (si)

to want

chcieť

13) At the Bank
13) V banke

account

účet

APR/Annual Percentage Rate

RPMN/ročná percentuálna miera nákladov

ATM/Automatic Teller Machine

bankomat

---

balance

zostatok

---

bank

banka

---

bank charges

bankové poplatky

---

bank draft

banková zmenka

---

bank rate

úroková miera

---

bank statement

výpis z účtu

borrower

dlžník

bounced check

nezaplatený šek

cardholder

držiteľ karty

cash

hotovosť

cashback

výdavok

check

šek

checkbook

šeková knižka

checking account

šekový účet

collateral

ručenie

commission

provízia

---

credit

úver

---

credit card

kreditná karta

---

credit limit

úverový limit

---

credit rating

úverový rating

---

currency

mena

---

debt

dlh

---

debit

debet

---

debit card

debetná karta

---

deposit

vklad

---

direct debit

inkaso

direct deposit

priamy vklad

expense

výdaj

fees

poplatky

foreign exchange rate

devízový kurz

insurance

poistenie

interest

úrok

Internet banking

internetové bankovníctvo

loan

pôžička

money

peniaze

money market

peňažný trh

---

mortgage

hypotéka

NSF/Insufficient Funds

nedostatok prostriedkov

---

online banking

online bankovníctvo

---

overdraft

prečerpanie

---

payee

veriteľ

---

pin number

pin kód

---

register

zaregistrovať

---

savings account

sporiaci účet

---

statement

výpis

---

tax

daň

telebanking

telebanking

teller

pokladník

transaction

prevod

traveler's check

cestovný šek

vault

trezor

withdraw

výber

Related Verbs
Súvisiace slovesá

to borrow

požičať si

to cash

platiť v hotovosti

to charge

účtovať

to deposit

vložiť

to endorse

ohodnotiť

to enter

vstúpiť

to hold

vlastniť

to insure

poistiť (sa)

to lend

požičať

to open an account

otvoriť účet

to pay

zaplatiť

to save

šetriť

to spend

minúť

---

to transfer money

previesť peniaze

---

to withdraw

vybrať peniaze

---

14) Holidays
14) Sviatky

balloons

balóny

calendar

kalendár

celebrate

oslavovať

celebration

oslava

commemorating

spomienka

decorations

dekorácie

family

rodina

feast

hody

federal
*spol*kový

festivities
*sláv*nosti

fireworks
*oh*ňostroj

first
prvý

friends
*pria*telia

games
hry

gifts
*dar*čeky

heros
*hr*dinovia

holiday
*svia*tok

honor
*poc*ta

national

*ná*rodný

---

parade

*sprie*vod

---

party

*pár*ty

---

picnics

*pik*nik

---

remember

*pri*pomínať

---

resolution

*pred*savzatie

---

traditions

*tra*dície

American Holidays in calendar order:
*Americké **sviat**ky **v** kalendárnom **pora**dí:*

New Year's Day

Nový rok

Martin Luther King Jr. Day

Deň Martina Luthera Kinga

Groundhog Day

Hromnice

Valentine's Day

Deň svätého Valentína

St. Patrick's Day

Deň svätého Patrika

Easter

Veľká noc

April Fool's Day

Prvý apríl

Earth Day

Deň Zeme

Mother's Day

Deň matiek

Memorial Day

Deň obetiam vojny

Father's Day

Deň otcov

Flag Day

Deň štátnej vlajky

Independence Day/July 4th

Deň nezávislosti

Labor Day

Sviatok práce

Columbus Day

Kolumbov deň

Halloween

Halloween

Veteran's Day

Deň vojnových veteránov

Election Day

Deň volieb

Thanksgiving Day

Deň vďakyvzdania

Christmas

Vianoce

Hanukkah

Chanuka

New Year's Eve

Silvester

Related Verbs
Súvisiace slovesá

to celebrate

*os*lavovať

---

to cherish

*pre*chovávať

---

to commemorate

*pri*pomínať

---

to cook

*va*riť

---

to give

dať

---

to go to

ísť na

---

to honor

*poc*tiť *si*

---

to observe

*svätiť (svia*tky)

---

to party

*os*lavovať

---

to play

hrať

to recognize

oceniť

to remember

pripomenúť si

to visit

navštíviť

15) Traveling
14) Cestovanie

airport

letisko

---

backpack

batoh

---

baggage

batožina

---

boarding pass

palubný lístok

---

business class

biznis trieda

---

bus station

autobusová stanica

---

carry-on

príručný

---

check-in

check-in

---

coach

*au*tobus

---

cruise

*pla*vba

---

depart/departure

*od*chod/*od*jazd

---

destination

*des*tinácia

---

excursion

*ex*kurzia

---

explore

*pres*kúmať

---

first class

*pr*vá *trie*da

---

flight

*le*tisko

---

flight attendant

*le*tuška, *ste*ward

---

fly

*le*tieť

---

guide

sprievodca

highway

diaľnica

hotel

hotel

inn

hostinec

journey

cesta

land

pristátie

landing

pristávanie

lift-off

odštartovanie

luggage

batožina

map

mapa

move

presun

motel

motel

passenger

pasažier

passport

pas

pilot

pilot

port

prístav

postcard

pohľadnica

rail

vlak

railway

železničná trať

red-eye

nočný (let)

reservations

rezervácie

resort

rezort

return

návrat

road

cesta

roam

túlať sa

room

izba

route

trasa

safari

safari

sail

plaviť sa

seat

sedadlo

sightseeing
prehliadka pamätihodností

souvenir
suvenír

step
kráčať

suitcase
kufor

take off
vzlietnuť

tour
túra

tourism
turizmus

tourist
turista

traffic
premávka

trek
putovanie

travel

cestovať

---

travel agent

cestovná kancelária

---

trip

výlet

---

vacation

dovolenka

---

voyage

plavba

Modes of Transportation
Dopravné prostriedky

airplane/plane

lietadlo

---

automobile

automobil

---

balloon

balón

---

bicycle

bicykel

---

boat

čln

---

bus

autobus

---

canoe

kanoe

---

car

auto

---

ferry

trajekt

---

motorcycle

motocykel, motorka

---

motor home

obytné auto

---

ship

loď

---

subway

metro

---

taxi

taxi

---

train
vlak

van
van

Hotels
Hotely

accessible
prístupný

airport shuttle
doprava z letiska

all-inclusive
all-inclusive

amenities
vybavenie

balcony
balkón

bathroom
kúpeľňa

beach
pláž

beds

*pos*tele

---

bed and breakfast

*noc s ra*ňajkami

---

bellboy/bellhop

*pos*líček

---

bill

*úč*et

---

breakfast

*ra*ňajky

---

business center

*kon*ferenčné *cen*trum

---

cable/satellite tv

*káb*lová/*sa*telitná *te*levízia

---

charges (in-room)

*pop*latky *(na iz*be)

---

check-in

check-in

---

check-out

check-out

---

concierge

vrátnik

Continental breakfast

kontinentálne raňajky

corridors (interior)

chodby (v interiéri)

doorman

vrátnik

double bed

dvojlôžko

double room

dvojposteľová izba

elevator

výťah

exercise/fitness room

posilňovňa/fitnes centrum

extra bed

prístelka

floor

poschodie

front desk

recepcia

full breakfast

bohaté raňajky

gift shop

obchod so suvenírmi

guest

hosť

guest laundry

práčovňa pre hostí

hair dryer

fén na vlasy

high-rise

výškový

hotel

hotel

housekeeping

údržba

information desk

informačný pult

inn

hostinec

in-room

na izbe

internet

internet

iron/ironing board

žehlička/žehliaca doska

key

kľúč

king bed

manželská posteľ

lobby

vestibul

local calls

miestne hovory

lounge

hala

luggage

kufor

luxury

luxusný

maid

chyžná

manager

riaditeľ

massage

masáž

meeting room

zasadacia miestnosť

microwave

mikrovlnná rúra

mini-bar

mini bar

motel

motel

newspaper

noviny

newsstand

novinový stánok

non-smoking

*ne*fajčiarsky

pets/no pets

*zvie*ratá *do*volené/*za*kázané

pool - indoor/outdoor

*ba*zén - *vnú*torný/*von*kajší

porter

*vrát*nik

queen bed

*pos*teľ

parking

*par*kovanie

receipt

*úč*et

reception desk

*re*cepcia

refrigerator (in-room)

*chlad*nička *(na iz*be)

reservation

*re*zervácia

restaurant

reštaurácia

room

izba

room number

číslo izby

room service

izbová služba

safe (in-room)

trezor (na izbe)

service charge

poplatok za služby

shower

sprcha

single room

jednoposteľová izba

suite

suita

tax

daň

tip

prepitné

twin bed

dve jednolôžkové postele

vacancy/ no vacancy

voľná izba / žiadna voľná izba

wake-up call

budíček telefónom

whirlpool/hot tub

vírivá vaňa/vírivka

wireless high-speed internet

bezdrôtové vysokorýchlostné pripojenie k internetu

Related Verbs
Súvisiace slovesá

to arrive

prísť

to ask

spýtať sa

to buy

kúpiť

to catch a flight

stihnúť let

to change

zmeniť

to drive

šoférovať

to find

nájsť

to fly

letieť

to land

pristát'

to make a reservation

rezervovať

to pack

baliť

to pay

platiť

to recommend

odporučiť

to rent

prenajať

to see

vidieť

to stay

byť ubytovaný

to take off

vzlietnuť

to travel

cestovať

to swim

plávať

16) School
16) Škola

arithmetic

aritmetika

assignment

úloha

atlas

atlas

backpack

batoh

binder

zakladač

blackboard

tabuľa

book

kniha

bookbag

obal na knihu

bookcase
knižnica

bookmark
záložka

calculator
kalkulačka

calendar
kalendár

chalk
krieda

chalkboard
kriedová tabuľa

chart
graf

class clown
triedny zabávač

classmate
spolužiak

classroom
trieda

clipboard

klipsová doska

---

coach

tréner

---

colored pencils

farebné ceruzky

---

compass

kompas

---

composition book

školský zošit

---

computer

počítač

---

construction paper

výkres

---

crayons

pastelky

---

desk

pracovný stôl

---

dictionary

slovník

---

diploma

*dip*lom

---

dividers

*roz*deľovače

---

dormitory

*štu*dentský *do*mov

---

dry-erase board

*ta*buľa *na fix*ky

---

easel

*sto*jan

---

encyclopedia

*en*cyklopédia

---

english

*an*gličtina

---

eraser

*gu*ma

---

exam

*skúš*ka

---

experiment

*po*kus

---

flash cards
pomocné kartičky

folder
zložka

geography
zemepis

globe
glóbus

glossary
slovníček

glue
lepidlo

gluestick
lepidlová tyčinka

grades, A, B, C, D, F, passing, failing
známky, 1, 2, 3, 4, 5 (A, B, C, D, E, F), dostatočný, nedostatočný

gym
telocvičňa

headmaster

riaditeľ školy

highlighter

zvýrazňovač

history

dejepis

homework

domáca úloha

ink

atrament

janitor

školník

Kindergarten

škôlka

keyboard

klávesnica

laptop

notebook

lesson

vyučovacia hodina

library
kniž̌nica

librarian
knihovník

lockers
skrinky

lunch
obed

lunch box/bag
obedár

map
mapa

markers
záložky

math
matematika

notebook
notes

notepad
zápisník

office
kancelária

paper
papier

paste
prilepiť

pen
pero

pencil
ceruzka

pencil case
peračník

pencil sharpener
strúhadlo na ceruzky

physical education/PE
telesná výchova

portfolio
portfólio

poster
plagát

principal

*ria*diteľ *školy*

---

professor

*pro*fesor

---

project

*pro*jekt

---

protractor

*uh*lomer

---

pupil

žiak

---

question

*o*tázka

---

quiz

kvíz

---

read

*čí*tať

---

reading

*čí*tanie

---

recess

*prázd*niny

---

ruler

pravítko

science

veda

scissors

nožnice

secretary

sekretár

semester

semester, polrok

stapler

zošívačka

student

študent

tape

lepiaca páska

teacher

učiteľ

test

test

thesaurus

lexikón

---

vocabulary

slovná zásoba

---

watercolors

vodové farby

---

whiteboard

tabuľa

---

write

písať

Related Verbs
Súvisiace slovesá

to answer

odpovedať

---

to ask

spýtať sa

---

to draw

kresliť

---

to drop out

odpadnúť

---

to erase

vygumovať

to fail

prepadnúť

to learn

učiť sa

to pass

prejsť

to play

hrať

to read

čítať

to register

zapísať (sa)

to show up

ukázať sa

to sign up

zapísať sa

to study

študovať

to teach

učiť

to test

testovať

to think

myslieť

to write

písať

17) Hospital
17) Nemocnica

ache

bolesť

---

acute

akútny

---

allergy/allergic

alergia/alergický

---

ambulance

sanitka/ambulancia

---

amnesia

amnézia

---

amputation

amputácia

---

anaemia

anémia

---

anesthesiologist

anestéziológ

---

antibiotics

antibiotiká

anti-depressant

antidepresíva

appointment

objednaný termín

arthritis

artritída

asthma

astma

bacteria

baktéria

bedsore

preležanina

biopsy

biopsia

blood

krv

blood count

krvný obraz

blood donor

darca krvi

blood pressure

krvný tlak

blood test

krvné testy

bone

kosť

brace

výstuha

bruise

podliatina

Caesarean section (C-section)

cisársky rez

cancer

rakovina

cardiopulmonary resuscitation (CPR)

kardiopulmonárna resuscitácia

case

prípad

cast

odliatok

chemotherapy

chemoterapia

coroner

koroner

critical

kritický

crutches

barle

cyst

cysta

deficiency

nedostatok

dehydrated

dehydrovaný

diabetes

cukrovka

diagnosis

diagnóza

dietician

*die*tológ

disease

*ocho*renie

doctor

*le*kár

emergency

*na*liehavý **prípad**

emergency room (ER)

*po*hotovosť

exam

*vy*šetrenie

fever

*ho*rúčka

flu (influenza)

*chríp*ka

fracture

*zlo*menina

heart attack

*srd*cový **infarkt**

hematologist

hematológ

hives

žihľavka

hospital

nemocnica

illness

choroba

imaging

zobrazovanie

immunization

imunizácia

infection

infekcia

Intensive Care Unit (ICU)

jednotka intenzívnej starostlivosti (JIS)

IV

intravenózne

laboratory (lab)

laboratórium

life support

resuscitácia

---

mass

masa

---

medical technician

zdravotnícky technik

---

neurosurgeon

neurochirurg

---

nurse

zdravotná sestra

---

operating room (OR)

operačná sála

---

operation

operácia

---

ophthalmologist

oftalmológ

---

orthopedic

ortopedický

---

pain

bolesť

---

patient

pacient

pediatrician

pediater

pharmacist

lekárnik

pharmacy

lekáreň

physical Therapist

fyzioterapeut

physician

praktický lekár

poison

jed

prescription

lekársky predpis

psychiatrist

psychiater

radiologist

rádiológ

resident

nemocničný lekár

scan

röntgenový obraz

scrubs

plášť

shots

výstrely

side effects

vedľajšie účinky

specialist

špecialista

stable

stabilný

surgeon

chirurg

symptoms

symptómy

therapy

terapia

treatment

liečba

---

vein

žila

---

visiting hours

návštevné hodiny

---

visitor

návštevník

---

wheelchair

invalidný vozík

---

x-ray

röntgen

Related Verbs
Súvisiace slovesá

---

to bring

priniesť

---

to cough

kašlať

---

to examine

vyšetriť

---

to explain

vysvetliť

---

to feel

cítiť

---

to give

dať

---

to hurt

boliet

---

to prescribe

predpísať

---

to scan

prezrieť

---

to take

dávať

---

to test

testovať

---

to treat

liečiť

---

to visit

navštíviť

---

to wait

čakať

to x-ray

röntgenovať

18) Emergency
18) Pohotovosť

accident

nehoda

---

aftershock

šok

---

ambulance

sanitka/ambulancia

---

asthma attack

astmatický záchvat

---

avalanche

lavína

---

blizzard

snehová búrka

---

blood/bleeding

krv/krvácanie

---

broken bone

zlomenina kosti

---

car accident
dopravná nehoda

chest pain
bolesť na hrudníku

choking
dusenie (sa)

coast guard
pobrežná hliadka

crash
havária

diabetes
cukrovka

doctor
lekár

drought
sucho

drowning
utopenie

earthquake
zemetrasenie

emergency

*po*hotovosť

---

emergency services

*po*hotovostné *služby*

EMT (emergency medical technician)

*sa*nitár

---

explosion

*vý*buch

---

fight

*bit*ka

---

fire

*po*žiar

---

fire department

*po*žiarny *zbor*

---

fire escape

*po*žiarny *vý*chod

---

firefighter

*ha*sič

---

fire truck

*ha*sičské *au*to

---

first aid

prvá pomoc

flood

záplava

fog

hmla

gun

zbraň

gunshot

výstrel

heart attack

srdcový infarkt

heimlich maneuver

heimlichov manéver

help

pomoc

hospital

nemocnica

hurricane

hurikán

injury

poranenie

ladder

rebrík

lifeguard

plavčík

life support

resuscitácia

lightening

blýskanie

lost

stratený

mudslide

zosuv pôdy

natural disaster

prírodná katastrofa

nurse

zdravotná sestra

officer

dôstojník

paramedic

zdravotník

---

poison

jed

---

police

polícia

---

police car

policajné auto

---

rescue

záchrana

---

robbery

lúpež

---

shooting

streľba

---

stop

zastavenie

---

storm

búrka

---

stroke

mŕtvica

---

temperature

teplota

thief

zlodej

tornado

tornádo

tsunami

tsunami

unconscious

v bezvedomí

weather emergency

núdzový stav

Related Verbs
Súvisiace slovesá

to bleed

krvácať

to break

zlomiť

to breathe

dýchať

to burn
spáliť

---

to call
volať

---

to crash
havarovať

---

to cut
porezať

---

to escape
utiecť

---

to faint
odpadnúť

---

to fall
spadnúť

---

to help
pomôcť

---

to hurt
zraniť

---

to rescue
zachraňovať

---

to save

*za**chrániť***

---

to shoot

***vys**treliť*

---

to wheeze

***chr**čať*

---

to wreck

***na**búrať*

51566125R00144

Made in the USA
San Bernardino, CA
25 July 2017